Transfiguração

Transfiguração

Série das Rosas

TOMO I

Catharose de Petri

EDITORA
Rosacruz

Título original:
Transfiguratie

Nova tradução da edição espanhola
Transfiguración, de 1990

2ª edição brasileira
2003
Impresso no Brasil

Lectorium Rosicrucianum
Escola Internacional da Rosacruz Áurea
Sede Internacional
Bakenessergracht 11-15, Haarlem, Holanda
www.rozenkruis.nl
info@rozenkruis.nl

No Brasil
www.lectoriumrosicrucianum.org.br
info@lectoriumrosicrucianum.org.br

P495
Petri, Catharose de
Transfiguração / Catharose de Petri – Jarinu, SP: Rosacruz, 2003
64p.;19,5cm

ISBN 85-88950-08-1.

1. Rosacruz. I. Título.
CDD 135.43

Editora Rosacruz
Caixa Postal 39 – 13 240 000 – Jarinu – SP – Brasil
Tel (11) 4016.4234 - fax 4016.3405
www.editorarosacruz.com.br
info@editorarosacruz.com.br

Índice

Prólogo

Este pequeno livro pretende ser para o leitor "uma lâmpada diante de seus pés que brilhe para todos", para que, com o estudo de seu conteúdo, ele obtenha discernimento a respeito do modo como pode ser efetuada, na e através da vida material, a marcha ascendente e libertadora.

Catharose de Petri

Capítulo I

A Transfiguração

A transfiguração é um método gnóstico que permite a realização da endura. A endura consiste em substituir totalmente o homem mortal, isolado, produto da natureza, pelo homem divino, imortal, original, o verdadeiro homem espiritual, concebido no plano da criação divina.

É possível que esta afirmação decepcione profundamente àqueles que mantêm a esperança de poder assegurar a salvação do seu eu por meio da transfiguração. Eles interpretam à sua maneira as famosas palavras de Jesus, o Senhor: "Quem quiser perder a sua vida – pela endura – a conservará – pela transfiguração". Considerando que a transfiguração não é nada mais que a própria endura, o que se conserva, segundo as palavras de Jesus, não tem relação alguma com qualquer aspecto do ser dialético.

A endura é algo completamente diferente da morte natural. O eu dialético, como consciência central da personalidade, pode estar morto e ter desaparecido do candidato, ainda que a velha personalidade da natureza continue existindo. A entrega desta personalidade, pela decomposição da matéria, virá mais tarde, o mais tarde possível, já que a antiga personalidade pode ser colocada favoravelmente a serviço do santo trabalho para resgatar os homens da natureza da morte!

Trata-se de vivificar a alma e de transferir-lhe o governo e o direcionamento de todo o estado de ser, sem poder e sem querer outra coisa senão entregar-se a essa direção.

O candidato chega, assim, ao estado mencionado por Paulo, quando disse: "Não eu, mas o Cristo em mim". Isto não significa que em seu eu natural permaneça oculto um aspecto crístico, mas sim que seu ser está orientado para a alma desperta e renascida no microcosmo.

Nesse caminho não pode ser mantida nenhuma parte da consciência do ser dialético. A única possibilidade é manter, durante o maior tempo possível, a vida da antiga personalidade submissa à alma renascida. Vemos isto também nas figuras de João Batista e Jesus, o Senhor, que no sentido evangélico apareceram durante muito tempo como entidades diferentes, até que o primeiro culmina sua tarefa como personalidade.

O que se mantém é a alma que vive eternamente no "Tao", assim como o denomina Lao Tsé.

Pois bem, mesmo que nas palavras de Jesus se fale em "conservar", também se fala em "perder": "Aquele que aceita perder sua vida por mim, a conservará". Daí se pode deduzir que se o processo não for aceito, se efetuará fatalmente em sentido contrário: aquele que quiser conservar sua vida (segundo a natureza), a perderá.

É feita aqui uma referência a uma possível desnaturalização do microcosmo que nega o caminho da libertação da alma. Neste caso, o átomo sétuplo do Lótus é separado do microcosmo, que se desintegra, sendo que as partes que o compunham regressam à sua origem.

O caminho da endura pela transfiguração é, portanto, a única forma lógica, natural e digna de acabar com a maldição que pesa sobre nossa existência, e de oferecer uma solução positiva ao problema da humanidade.

Dizemos isto com ênfase, porque o caminho gnóstico tem sido considerado, ao longo dos séculos, como antinatural. Porém, percorrer o caminho de nossa vocação divina não pode ser, de modo algum, antinatural, mesmo que às vezes possa dar essa impressão.

Pensemos nos conhecidos fenômenos do metabolismo. Todas as células do corpo humano se renovam no transcurso de alguns anos. Sabemos com certeza que em um período de aproximadamente sete anos o corpo obtém uma estrutura completamente nova e que assim que esta estrutura esteja completa inicia-se uma nova substituição, até que este processo de metabolismo se torne cada vez mais lento e se detenha com a decadência da vitalidade. A esclerose e outros fatores de degeneração provocam a chegada do fim inevitável. Tal processo não conduz a nada, a absolutamente nada e, em relação a ele, não se pode falar de uma morte que conduza à vitória.

Como é diferente o que ocorre com a endura pela transfiguração! Este processo também gera um metabolismo, mas completamente diferente. Os átomos e as células de toda a personalidade são trocados pela transfiguração e carregados de força mercuriana, a força que faz surgir o ser humano imortal.

Por este metabolismo, a personalidade dialética perde seu caráter natural e todo o ser se transforma. A força mercuriana se concentra sobre todo o santuário da cabeça, transformando quase todas as estruturas cerebrais e, como conseqüência, surge um novo poder de consciência.

Esta transformação prossegue até alcançar os limites extremos de uma extraordinária capacidade e praticamente desaparecerem as características peculiares do ser dialético que perde seu domínio sobre o microcosmo, que por sua vez permanece neutralizado, visto que sua natureza não consegue mais prevalecer.

Nesse mesmo instante, como que impulsionado por um poderoso fogo, o corpo ígneo do homem-alma se liberta. Devido a esse novo metabolismo, o peregrino perde seu típico ser dialético e, ao mesmo tempo, o verdadeiro ser renasce. Uma vez cumprida sua tarefa, o peregrino pode desaparecer como um verdadeiro servidor. Então ocorre uma morte que conduz à única vida verdadeira.

Por isso, junte-se a nós neste caminho de elevação até a verdadeira vitória.

Capítulo 2

O Sono do Corpo

O sono do corpo é a lucidez da alma;
o fechar dos olhos é a verdadeira visão.
Hermes Trismegisto

Devido aos múltiplos obstáculos que dificultam a entrada no caminho, e com a finalidade de esclarecer e aprofundar vossa compreensão para que possais vencê-los, gostaríamos de vos colocar em contato com uma sabedoria muito antiga, cuja origem se perde nas brumas do passado. Referimo-nos aos Upanishads que já existiam antes de os hindus conquistarem os países irrigados pelo Indo e estão intimamente ligados à sabedoria hermética.

O sentido profundo da palavra composta "Upanishads" é: revelar o conhecimento espiritual oculto, com a finalidade de vencer a ignorância. Aqueles que quiserem ler e conhecer os Upanishads necessitarão de uma chave que os ajude a ler e descobrir seus segredos. E que outra chave poderia ser senão a alma, a posse de uma nova qualidade de alma? A sabedoria dos Upanishads se destina somente àqueles que, estando no caminho do renascimento da alma, buscam neutralizar os obstáculos.

Segue um pequeno trecho de um dos mais grandiosos Upanishads:

Depois de haver desfrutado de seu estado de vigília, e de haver visto o bem e o mal, ele se apressa em voltar à entrada e ao começo, à vida dos sonhos. Da mesma forma que a águia cansada de cortar o espaço recolhe suas asas e volta ao ninho, assim também a alma se apressa a voltar ao estado em que, dormindo, não deseja nada e nem tem sonhos.

O homem tem veias que se chamam "hitâ", finas como os cabelos divididos em mil, cheias de branco, azul, amarelo, verde e vermelho. Quando parece que os homens o matam, quando parece que o derrubam, quando um elefante parece persegui-lo, quando cai em um abismo, ele mesmo imagina estes horrores e os vê ao despertar. Quando imagina estar em um estado divino inatacável, somente então estará em seu mundo superior: nem o bem nem o mal o perseguem porque ele se elevou acima de todas as aflições do coração. Quando ele já não vê mais isto é que vê realmente, ainda que não veja, pois o incorruptível faz que não haja fim para a visão do vidente.

O aluno avançado nos mistérios gnósticos, que renasceu segundo o novo estado de alma, transforma-se em um ser duplo – de um lado homem-alma, de outro, ainda em seu estado natural – que deve tirar o maior proveito deste estado de ser. Em virtude de seu estado de alma, ele é perfeitamente capaz de escapar dos perigos das tempestades dos éteres nervosos já que aquele em que nasceu o novo estado de alma recebeu a graça de ver que o sono do corpo é a lucidez da alma.

É verdade que o homem pleno de alma, que se consagra ao corpo vivo da Gnosis em entrega total, passa uma grande parte da noite no novo campo astral da Escola; este é o seu mundo superior. Na serenidade deste campo, o homem-alma adquire força e conhecimento que lhe permitem percorrer seu caminho e realizar sua missão quando, depois de algumas horas, deve regressar, e então, revestir-se e aprisionar-se pelo manto do nascimento natural, a esta vida tão repleta de ilusões da natureza da morte.

O objetivo da permanência noturna da alma no novo campo astral da Escola, na Cabeça Áurea do corpo vivo, é aprender a discernir perfeitamente a grande ilusão e a confusão pela qual deverá passar nas horas de vigília, e assim poder examinar-se de forma perfeitamente objetiva, com a finalidade de não ser mais vítima delas.

As relações vitais do homem nascido segundo a alma estão completamente invertidas: até o momento de despertar, a alma está lúcida, desperta, enquanto que a vida diária no corpo é para ela uma vida de sonhos.

Neste sentido dizem os Upanishads: *Depois de haver desfrutado seu estado de vigília, e de haver visto o bem e o mal, ele se apressou em voltar à entrada e ao começo, à vida dos sonhos* (a vida diária do corpo).

Da mesma forma que a águia em certo momento aspira a voltar ao seu ninho, assim também a alma aspira a voltar o mais rapidamente possível ao seu verdadeiro lugar de repouso. Mas este regresso da alma à sua verdadeira morada cotidiana depende completamente de seu comportamento no corpo da ilusão.

De volta a este corpo submetido à ilusão, a alma é confrontada imediatamente e de forma muito íntima com o éter nervoso, com o arqueu, ou seja, com as correntes cármicas no fluido nervoso. A alma desce ao corpo natural por um dos nervos cerebrais e permanece completamente desperta no centro dos santuários da cabeça e do coração. É difícil imaginar uma ligação mais íntima do que a que existe entre a alma e o arqueu.

Por esta razão é dito: *O homem tem veias que chamam "hitâ", finas como os cabelos divididos em mil, cheias de branco, azul, amarelo, verde e vermelho.* O éter nervoso apresenta todas as cores do espectro, em perfeita concordância com o estado de ânimo, com os pensamentos, vontades e desejos, e em geral uma das cores prevalece como um dominante cármico.

A cada manhã, quando ocorre o que chamamos de despertar, a alma mergulha neste mar do éter nervoso, neste charco do passado. Ainda considerais estranho que os homens sem alma ou com uma alma muito débil sejam marionetes do éter nervoso? Por acaso não é uma graça para o homem-alma receber diariamente a possibilidade de escapar de todos os perigos?

Explicaremos agora o desenvolvimento desta possibilidade. Deveis saber que todo aluno sincero, cuja alma renasceu, pode permanecer com ela, por algumas horas, enquanto o corpo natural dorme, na Cabeça Áurea, que é o aspecto superior do corpo vivo.

Para compreender o que ocorre ali, é necessário saber o que é na verdade a alma. Geralmente dizemos que a alma é a rosa do coração desperta. Esta afirmação, suficiente como indicação, é insuficiente como descrição.

A Rosa, o átomo original no coração do microcosmo, é o princípio latente do verdadeiro homem original. Assim, é evidente que deve ser sétuplo, que deve possuir sete aspectos e que deve conhecer sete necessidades fundamentais. O corpo vivo de uma fraternidade gnóstica, de uma escola de mistérios gnósticos, deve corresponder completamente aos sete aspectos materiais do mundo da alma, e se a Rosa quiser florescer, deverá receber um alimento sétuplo.

Quando o botão de rosa no ser abre suas pétalas para a radiação acariciante das três energias de ideação do corpo vivo, torna-se indispensável que também seja alimentado pelos outros quatro alimentos, a saber: a matéria mental pura, a substância astral pura, os éteres originais e também o aspecto material universal.

Quando é possível alimentar a alma de forma sétupla, sua manifestação veicular posterior não terá nenhum problema. Será simplesmente uma questão de tempo e, compreendei claramente, uma questão de destruição das resistências do arqueu.

Percebei a indizível graça de vos encontrardes em semelhante corpo vivo, e compreendei também por que pedimos incessantemente que vos consagreis em total oblação a esse corpo vivo. Até mesmo uma criança poderia compreender esta exigência.

Somente com a perfeita harmonia e unificação entre a rosa da alma e o corpo vivo é que a busca magnética da alma e a atração magnética da Cabeça Áurea poderão criar as condições indispensáveis para que a alma possa permanecer, durante algumas horas por dia, no santuário interior da Escola. As portas deste santuário estão amplamente abertas para todos aqueles que reúnam as condições exigidas.

Agora podemos compreender um pouco do que ocorre durante a permanência noturna da alma na Cabeça Áurea.

Quando a alma entra no santuário interior da Escola, fica ligada por meio de um fio fluídico com o sistema do nascimento natural e com o microcosmo. Por isso, embora respire em seu próprio mundo da alma, recebe ao mesmo tempo uma visão panorâmica de toda a vida do homem natural ao qual está ligada, vê os problemas desse homem, as situações diversas em que se encontra, a qualidade de seu arqueu, etc.

A alma tem um grande interesse por esse conhecimento, pois deverá guiar e ajudar a personalidade desta natureza no caminho da transfiguração – desde que a personalidade lhe permita assumir esta função – com a finalidade de que todo o sistema leve a bom termo seu caminho de cruz.

E agora, atentai bem: na vida de cada aluno – quando levar o seu arqueu até o estado de paz e descer ao silêncio – chega um momento em que a alma, imersa de novo na carne, assume uma direção firme, uma iniciativa forte na vida da personalidade mortal.

As características da vida mortal são: ilusão, quimera e irrealidade. Logo, o aluno cuja alma não está livre, não foi liberta, prossegue sendo vítima da ilusão e da irrealidade.

Os Upanishads explicam isso dizendo: *Quando muitos homens parecem matá-lo, quando um elefante parece persegui-lo ou quando cai em um abismo, ele se imagina sofrendo estes horrores*. Tudo isto é irreal, mesmo que a ilusão apareça também em seu estado supostamente desperto.

Assim, quando o homem, guiado pela alma e fiel a suas motivações, percorre seu caminho desde o berço até o túmulo com a certeza absoluta que: nada pode me ocorrer sem o consentimento de meu Pai celeste; estou – segundo as palavras dos Upanishads – no Divino intangível; então ele está literalmente, pouco importa onde e como, no mundo do estado de vida libertador.

Nem o bem, nem o mal o aprisionam, porque ele se elevou acima de todas as aflições do coração. Venceu a morte, já que não há mais limites para a visão do vidente, graças à indestrutibilidade e à incorruptibilidade da alma que rompe tudo, irradia através de tudo e em tudo triunfa.

Capítulo 3

O Império Celeste

Alguma vez já refletistes sobre a enorme influência exercida por uma escola espiritual sobre o mundo e a humanidade?

Uma escola de mistérios está destinada, em um sentido muito especial, àqueles que desejam efetivamente percorrer o caminho, àqueles que desejam formar juntos o povo de Deus. Além disso, ela exerce, por meio de seu terceiro campo magnético, uma influência determinante sobre todos os acontecimentos humanos. Nunca deveis subestimar este aspecto do formidável trabalho de libertação empreendido pela Fraternidade. Talvez estejais tão ocupados no trabalho e no objetivo essencial da libertação, que tendais a esquecer os aspectos gerais do trabalho benfeitor da Escola.

Na Escola se fala freqüentemente da influência do terceiro campo magnético e de seus efeitos, mas todas as suas conseqüências e aspectos são apenas parcialmente revelados.

Sabeis que aplicar o método do "não fazer", pela prática de todos os aspectos da entrega, é um comportamento deveras revolucionário na ordem natural dialética? Pois bem, quando o número dos que percorrem os caminhos da Escola for suficientemente grande, estes farão mudar mui rapidamente o atual aspecto do mundo, assim como as conseqüências finais da atividade de radiação do terceiro campo magnético. Menos que um por cento da população mundial é capaz de modificar, pela prática do wu-wei – a pratica do "não fazer" – toda a estrutura de nossa sociedade sob o ponto de vista social, político, econômico e religioso, e a conseqüência deste feito será a criação de um estado mais que ideal, dialeticamente falando.

A história mundial já vivenciou outras situações semelhantes. Conhecemos na história da antiga China momentos em que um grande número de homens seguiu as pegadas de Lao Tsé, que construiu condições de vida tão ideais, que se falava da China como do "Império Celeste", e para lá acorriam pessoas de todos os lugares da terra com a finalidade de estudar sua política.

Como conseqüência, tudo se perdeu rapidamente. Isso era inevitável já que semelhante situação ideal não é mais que um fenômeno no radiante desenvolvimento de uma escola espiritual, um fenômeno transitório ocasionado pela radiação da Escola Espiritual.

Por outro lado, o ato de buscar a causa deste renascimento na política e não no wu-wei, fez decair a prosperidade rapidamente.

Sabeis que esta ordem mundial caminha para o fim e também conheceis o estado lamentável que se concretiza com uma rapidez fulminante. Estes são os sinais do fim. Tal situação se consolida com o aumento do número de linhas de força magnética, cuja origem não pode ser encontrada nesta natureza comum.

No entanto, não é absolutamente necessário que o ocaso deste dia de manifestação se caracterize exclusivamente por uma profunda e atroz miséria, que a humanidade mergulhe cada vez mais em uma bestialidade extrema para ser finalmente abandonada em tal estado de animalidade, já que um novo esforço de salvação em um novo dia de manifestação tropeçaria em enormes dificuldades estruturais e fundamentais. Por isso, é preferível que o final tenha lugar em uma conjuntura altamente moral e mística, do que em uma situação diametralmente oposta.

A grande benção entregue pela Escola Espiritual está, pois, no fato de que ela não se ocupa somente com a salvação de todas as entidades a ela confiadas, mas também, ao mesmo tempo, cria novas possibilidades para todos os retardatários, em um reino celeste que, apesar de temporal, desperta psicologicamente a esperança da libertação final.

Compare um homem que perece na mais horrível miséria com um homem que perece em uma esfera pessoal de felicidade. O primeiro está submerso no ódio e na paixão, e será capaz de tudo por causa de seu egoísmo e do medo desmesurado que o invade. O segundo, sempre consciente da fragilidade de sua felicidade, será muito mais acessível ao contato gnóstico.

É um privilégio poder testemunhar que a Escola Espiritual, com seus irmãos e irmãs, não se contenta em separar-se, pela prática do wu-wei, de um mundo em decadência, mas que, por esta prática, deixa aos retardatários uma grande felicidade terrestre, com a finalidade de que, precisamente por um ocaso em tal esfera de felicidade, fique estabelecida uma base para que a Gnosis os encontre e resgate.

Por isso, erguei-vos e encontrai consolo no pensamento de que, mediante um discipulado positivo, não só ajudamos a nós mesmos e servimos à Escola, mas também prestamos auxílio a toda a humanidade.

Capítulo 4

Tao*

A Senda é a causa primeva
compreendida em si mesma.
Ela era, é e será por toda a eternidade.
Sua onipotência está limitada pelo
espaço e tempo.
De seu Logos nasceu a alma do mundo.

Todos os mistérios são unânimes em dizer que "A Senda é a causa primeva", já que das santas forças divinas se manifesta a vida verdadeira, e é evidente que a verdadeira vida é

* As citações do Tao Te King que aparecem neste capítulo foram extraídas do livro *De universele bewustwording* de C. van Dijk, Amsterdam, 1934.

eterna. Trata-se, portanto, de que todos participemos dessa vida eterna, que a vejamos e a conheçamos de novo.

Com esta finalidade, a vida verdadeira envia, para este nosso estado mortal, um feixe de raios de luz, força e beleza, que erige, assim, a ponte por onde entraremos na pátria original.

Quando o aluno avança "na senda" ou, segundo nossa terminologia, quando o aluno sabe que foi aceito no novo campo de vida, sabe também que o mundo do espaço e do tempo ainda o limita.

O reto caminho é vibrar em seu ritmo,
reconhecer em cada respiração a universalidade.
Fundir-se em sua radiante luz,
de modo que somente subsista a vontade que
tudo anima.

O aluno se encontra no caminho correto, a senda que conduz, sem desvios ou caminhos laterais, à nova vida libertadora, e o ritmo do caminho de libertação se encontra nele e ao seu redor. Este ritmo é como um cântico do Senhor, como a correnteza do rio divino que emana da cidade eterna.

Cada respiração é como um batimento do coração, é o sangue vivo percorrendo as artérias. E assim, de alento em alento, o aluno se une pouco a pouco com o universo divino. Todo seu ser se volta para ele e não existe nada mais senão a vontade que tudo anima, que o impulsiona e conduz.

Do conhecimento cresce o discernimento;
o ser se reflete no fenômeno.
A coesão forma o granito,
faz que a compreensão apareça diante de nossos olhos.

De forma natural, o aluno entra em um campo de novas percepções sensoriais. Aprende a discernir, a contemplar, a apreciar o contato divino. Quando penetra no novo campo de percepção, é natural que viva nele e que as conseqüências se revelem plenamente. O ser divino se reflete nesse maravilhoso peregrino. A força da lei de coesão se manifesta aos olhos do candidato. Assim como a lei de coesão mantém unidos os átomos de uma pedra de granito, por esta mesma lei divina o novo ser do aluno será agregado para maior glória.

Ó poderosa energia que vivifica as formas,
que da semente faz brotar o carvalho,
que no céu faz girar as gigantescas rodas
e faz crescer o Lótus do limo sombrio.

A festa do despertar continua. O carvalho cresce da tenra semente da renovação. Este gigante do bosque não personifica a união do aluno com o Espírito Santo universal? E o lótus branco, delicado, puro, que se eleva da lama, não simboliza o nascimento do principio de força do Espírito Santo no aluno, o despertar da Rosa latente?

Por isso, todo mortal busca em sua vida
o que o unirá à palavra esquecida.
Às vezes um delicado acorde o arrebata
e ele sente,
cheio de respeito, a energia divina.

É inquestionável que buscais junto a nós a fórmula mágica esquecida, o "abra-te Sésamo" dos mistérios. Às vezes cresce em nós uma débil imagem desta palavra esquecida.

Então nosso ser é tocado e, por um momento, "conhecemos" face a face as intenções divinas para conosco, seres humanos decaídos. Mas:

Quando nas trevas irrompe a luz,
o homem reconhece a si mesmo no universo.
Então brota a palavra que,
uma vez pronunciada,
o liberta do vale de lágrimas terrestre.

Se vossa compreensão se converteu em consciência, se percebeis claramente o lugar que ocupais no horror do campo de vida terrestre, sabei que vos foi concedida uma graça infinita, pois a palavra sagrada, da qual não tivestes até agora mais do que vagos ecos e débeis sugestões, poderá germinar em vós como semente divina.

Quando esta semente germina em vosso santuário do coração, então rompeis todos os obstáculos de vosso círculo de existência, todos os laços da consciência, da alma e da matéria, e o dominador deste mundo perde todo o poder sobre vós. Logo, é compreensível e cientificamente certo que:

A Senda o constrói e faz que isso "cresça",
desenvolve-o, alimenta-o e torna-o perfeito.
Amadurece e protege, faz morrer e florescer,
em intermináveis giros.

Ela é o poder que guia todas as coisas
e não possui nada mais
do que sua própria vida profunda.
Não fazendo nada respira a eternidade.
Ela é o mistério que nunca é escrito.

Diante de nossa consciência está o homem radiante, despojado de todos os laços da natureza dialética. Ele morreu e ressuscitou! Sem nada fazer, respira a eternidade.

O homem desta natureza está incessantemente em movimento, cheio de atividades, sempre querendo fazer algo. O peregrino no caminho chega a penetrar no caminho do "não fazer" de Lao Tsé e não permite que o eu o domine. O Senhor de toda a vida é quem quer e quem atua nele.

Quando o aluno está novamente unido a "isso", ao caminho, ao Tao, à Gnosis, está em livre união com o Eterno, com o reino de Deus nele, com o homem-Jesus nele. E o Outro, que não é explicado por esta natureza, age, vive e é. O ser do eu desapareceu, está morto para não mais existir por toda a eternidade.

Tomemos juntos a decisão de percorrer este caminho de eternidade. Vinde, segui conosco pelas portas eternas até a vida eterna!

Capítulo 5

O Sistema de Santificação Quíntuplo

Chuang Tsé, um dos mais conhecidos discípulos de Lao Tsé, escreveu em uma de suas obras* :

Aquele que vê sua ignorância, já é menos néscio, e quem reconhece que está na ilusão, erra menos. Quem está demasiado equivocado nunca poderá desfazer-se de sua obsessão; o verdadeiro néscio nunca será perspicaz em toda sua vida.

Se três homens caminham juntos e um deles está perdido, eles alcançarão de qualquer forma sua meta, pois o perdido está em minoria. Se, ao

* As citações deste capitulo e do seguinte foram extraídas do livro *Uit de werken van Tsjwang Tse* de J.A.Blok, N. Kluwer, Deventer, 1951.

contrário, dois estão perdidos, não alcançarão seu objetivo, pois os perdidos estão em maioria.

Atualmente, todo o mundo vive na ilusão e, apesar de estimular os homens para que caminhem na direção correta, não consigo convencê-los de que a sigam. Lamentável isto, não é?

Uma vez conhecida esta citação, compreendereis sem dúvida o significado e o objetivo do primeiro degrau da Gnosis universal quíntupla, denominado "discernimento".

Adquirir discernimento, em sentido gnóstico, não é possuir certo conhecimento das coisas ou compreender um problema mais ou menos complicado. O discernimento gnóstico, como primeiro degrau no caminho, significa, antes de tudo, autodesmascaramento.

Por isso é dito nos ensinamentos da sabedoria antiga: *Aquele que vê sua ignorância, já é menos néscio, e quem reconhece que está na ilusão, erra menos.* O ser humano que descobre sua própria ignorância e percebe os véus da ilusão nos quais está envolto, experimenta, ao mesmo tempo, um grande desejo de escapar de sua ignorância e de sua ilusão. E, pelo primeiro degrau, o do discernimento que leva ao conhecimento de si mesmo, o segundo degrau, o desejo de salvação, é sentido como uma necessidade.

É evidente que o homem equivocado nunca poderá afastar sua cegueira, pois não sente a necessidade de fazê-lo, já que, cego pelo erro, vive na ilusão de não viver na ilusão.

Que benção representa ver sua própria ignorância! Quem chega a este ponto já está rompendo as malhas da ilusão.

A alma humana tem cinco aspectos, conhece cinco estados de ser, possui cinco fluidos. Em consonância com eles, a Gnosis universal também é quíntupla. Cada degrau deste sistema quíntuplo de santificação produz a purificação e a transformação de um destes fluidos e o prepara para seu desenvolvimento particular.

O sangue é a base; se o sangue muda, o ser se abre; por isso o caminho do discernimento purifica o sangue. A seguir vem o fluido hormonal, que acompanha exatamente o processo de transformação do sangue, e o desejo de salvação entra como um suspiro por todo o ser. Desta maneira é preparado o fogo serpentino e a clara e verdadeira inclinação do eu à entrega vibra pelo sangue, elevando-se do plexo sacro. Como conseqüência, o conjunto do fluido nervoso é conduzido a uma nova atividade, a um novo comportamento de vida, a percorrer os caminhos de Deus, de modo que, em quinto lugar, e para finalizar, o sétuplo fluido astral da consciência se transforma, convertendo o renascimento da alma em um fato. Que privilégio poder descobrir sua própria ignorância na luz desmascaradora da Escola Espiritual!

Assim como em um laboratório são investigadas as propriedades das diversas matérias, cada aluno se vê colocado nas provetas do laboratório alquímico da Escola Espiritual, as quais estão cheias da luz reveladora da Fraternidade. Feliz o aluno que experimenta como reagir a uma nova capacidade sensorial!

Quem não reage e permanece prisioneiro da miséria dialética não alcançará, em toda sua vida, a luz.

Para finalizar, observai um aspecto da atividade benfazeja da Escola Espiritual. Suponde que, apesar dos esforços realizados na oficina alquímica da Escola, um terço dos alunos reaja negativamente, pois, por alguma razão, lhe falta o discernimento necessário inicial, enquanto que os outros dois terços reajam bem. Neste caso é possível que os dois terços que compreendem conduzam o outro terço até o objetivo:

"Se de três homens que caminham juntos, um deles está perdido, os três alcançarão, de qualquer forma, a meta."

A relação não deve ser modificada em sentido desfavorável, de modo que os perdidos sejam maioria. A imensa importância da unidade de grupo aparece assim com clareza diante de vós. Um grupo pequeno perfeitamente decidido pode ser, de maneira irresistível, uma grande benção para muitos.

Quem penetra nos processos do renascimento da alma cresce na graça radiante junto a Deus e aos homens.

Capítulo 6

Vicissitudes do Destino

Tsien Wu disse a Sun Siu Au: "O Senhor foi por três vezes primeiro ministro e não se orgulhou disto, foi deposto por três vezes e não mostrou nenhum abatimento. Antes eu não tinha plena confiança no Senhor, mas agora vejo quão regular e calmamente passa o alento por suas narinas. Como domina seu espírito?"

Sun Siu Au respondeu: "Em que eu sou superior aos outros homens? Quando o cargo me foi confiado, considerei que não deveria recusá-lo. Quando me foi retirado, pensei que não deveria mantê-lo. Considerei que ter ou não este cargo em nada mudaria o que eu era e que não havia nenhuma razão para mostrar-me abatido. E isto é tudo. Em que eu me sobressaí aos demais?

Além disso, eu não sabia se a honra era pela dignidade do cargo ou por mim mesmo. Se a honra pertencia ao cargo, não era para mim, e se me pertencia, não tinha nada a ver com o cargo. Com esta incerteza e levando tudo em consideração, não tinha como averiguar se os homens me consideravam importante ou ínfimo."

Tsung Ni escutou isto e disse: "O verdadeiro homem de outrora não pode ser descrito plenamente pelos verdadeiros sábios. A beleza não poderia levá-lo à dissipação, nem o mais perigoso ladrão poderia roubá-lo. Nem os imperadores Fu Hi ou Huang Ti, tomando como base sua amizade, poderiam coagi-lo. A vida e a morte são acontecimentos muito importantes, e, mesmo assim, não poderiam mudar seu ser mais profundo; logo, menos importância ainda teriam o cargo e os privilégios! Com este estado de ser ele poderia subir a montanha Thai sem impedimentos; mergulhar no mais profundo charco, sem se molhar; desempenhar a mais humilde e insignificante função sem se sentir humilhado. Sua é a plenitude do céu e da terra. Quanto mais dava aos outros, mais cabia a ele."

Esta citação da obra de Chuang Tsé se refere às vicissitudes do destino, tão numerosas na vida do homem dialético, e que podem modificar completamente as situações em que as vive.

O protagonista da citação é evidentemente um homem que está no processo do renascimento da alma. Impassível, graças à elevação de sua alma, tanto diante de sua nomeação como primeiro ministro quanto diante da perda do cargo. Ele realiza sua tarefa social e, quando chega o momento, se desvincula do cargo. Este tipo de assunto não tinha nenhuma relação com sua vida interior, nada acrescentando ou retirando dela.

Eu considerava – disse – que ter ou não este cargo, em nada mudaria o que eu era e, portanto, não havia nenhuma razão para mostrar-me abatido. Isto era tudo.

De fato, ele estava acima das vicissitudes da vida e aceitava a situação como ela se apresentava a cada dia. Isto não alterava em nada a tranqüilidade de sua alma.

Mas consideremos o caso em que a pessoa atingida, devido ao seu estado de ser, não tenha, de maneira alguma, escapado ao jugo das vicissitudes, participando plenamente delas. Neste caso, o comportamento mostrado pelo ex-primeiro ministro teria sido mentiroso, teatral e em absoluto desacordo com a realidade.

Enquanto o coração não estiver limpo de impurezas e a paz da alma não tiver sido alcançada, o homem passará por uma quantidade enorme de experiências, as quais estarão freqüentemente relacionadas com as vicissitudes do destino, que marcam profundamente nossa vida e, às vezes, nos golpeiam como se fossem martelos.

Poderíeis dizer neste estado: "Isto não me diz respeito", ou "Estou acima disto", ou "Isto não me produz frio nem calor", ou ainda "Eu não me altero"?

Certamente não, porque isto seria dar prova de que não se compreendeu ou não se quer compreender as causas que determinam as experiências e que se repele as conseqüências relacionadas. Tal comportamento demonstraria ignorância, orgulho, autoconservação, ou mesmo uma mescla dos três.

Quando cometeis um erro e a fraternidade o corrige – e estas correções se produzem sempre pelas experiências que chegam até vós – tendes o dever de demonstrar com humildade e agradecimento que estais decidido a aprender a lição e a arcar com as conseqüências daí decorrentes. E se nesse momento faltar a sabedoria do discernimento, deveis pedir discernimento e lucidez para saber o caminho a seguir. Esta intervenção em vosso destino será gravada profundamente em vossa alma, e contribuirá para a purificação do coração.

Nestas situações, entretanto, não podeis vos comportar como o ex-primeiro ministro. O comportamento de vida deste homem está enobrecido pelas suas elevadas qualidades de alma. Mas os que adotam este comportamento sem serem dignos interiormente, não fazem nada mais do que uma imitação, o que não traz nenhum benefício para a alma. Ao contrário, dessa forma são provocados tensões e infortúnios do destino mais duros ainda, os quais parecem que vão nos destruir, e durante muito tempo não nos resta nenhum átomo de energia para dar um novo passo no caminho.

De vez em quando o aluno tende a imitar os ensinamentos da Escola e chega facilmente à ilusão de haver, há muito, alcançado seu objetivo. A linguagem sagrada traz muitas ressalvas a esta conduta.

No relato que acabamos de ler, foi dito que um homem que se encontra no processo do renascimento da alma está imune a todos os perigos, e não pode "ser assaltado nem pelo ladrão mais perigoso". Mas o aluno cujo estado é artificial, seja por que motivo for, pode ser assaltado pelo primeiro ladrão que vier. Nós pedimos que analiseis bem este ponto de vista, e que vos convençais de que tendes muito que aprender por vossas próprias experiências e que deveis vos comportar de forma conseqüente.

Poderia acontecer de o medo surgir agora em vossa alma, e que dissésseis: "Enquanto não tiver triunfado contra as impurezas da minha alma, e ainda deva aprender muito por experiência própria, estarei à mercê do primeiro ladrão que vier; à mercê de uma ameaça da esfera refletora, por exemplo".

Isto não tem de ser assim! Quem inicia o caminho e, reconhecendo profundamente sua fraqueza, se submete à Lei do Reino, verá que esta fraqueza desaparece na força da Gnosis, e que estará sob sua proteção. Quem, na angústia de suas experiências, estende sua mão para ser salvo, sentirá que ela foi pega.

Mas quem diz: "Eu não necessito de ajuda", não atrai para si as experiências salvadoras, mas sim as da decadência.

Utilizemos o relato de Sun Siu Au para chegar ao discernimento!

Capítulo 7

O Alento da Vida

Chuang Tsé escreveu em uma de suas obras um capítulo intitulado "Perfeição", onde relata:

"*Meu mestre Lie Tsé disse a Yin, o guardião da fronteira: 'O homem perfeito se move sem impedimentos embaixo d'água, caminha em cima do fogo sem queimar-se, eleva-se sem medo acima de todas as coisas; permita-me perguntar como é possível chegar a isso.'*

Yin, o guardião respondeu: 'Isso é possível pela conservação do alento perfeito. Não pode ser explicado como conseqüência da habilidade ou do valor. Vem, senta-te que vou te explicar.

Todas as coisas materiais têm forma, som e cor. Destas várias qualidades se originam suas diferenças. Mas nenhuma coisa pode alcançar o que precedeu a todas. Têm apenas percepções. Mas o perfeito está acima das formas e da possibilidade de transformação. Quando alguém alcança este estado e atinge seu apogeu, como poderiam as coisas oferecer resistência em seu caminho? Ele ocupará o lugar que lhe havia sido destinado, sem abandoná-lo, ficando oculto no tempo sem pegadas. Com prazer observará a ação que concede a todas as coisas um princípio e um fim. Reconduzindo sua natureza à unidade, nutrindo sua força vital e concentrando seu ser, pode irromper na origem de todas as coisas. Sendo sua natureza celeste perfeita e seu espírito indivisível, como algo poderia lhe causar danos?

Se um homem embriagado cai de um carro, sofrerá talvez contusões, mas não morrerá. Seus ossos e suas articulações não são diferentes das dos demais homens, mas, no momento da queda, o espírito vital deste homem estava indiviso. Em razão de sua inconsciência no momento da queda, os pensamentos de vida e morte e o medo não se manifestaram. Por este motivo não fraturou nenhum membro. Devido ao estado de embriagues, conservou a integridade de seu corpo. Isto se evidenciaria ainda mais se ele estivesse sob a influência de sua natureza celeste! O sábio se mantém protegido em sua natureza celeste e nada mais o afeta'."

Todo verdadeiro aluno da Escola Espiritual moderna se esforça para tornar-se perfeito, para santificar-se. Almeja elevar-se acima das sinistras paragens da morte e entrar na nova vida, depois de ter realizado a entrega de tudo o que pertence à natureza da morte.

Quem anda neste caminho de santificação chega a libertar-se totalmente do medo, da preocupação e da ansiedade, e escapa ao domínio dos eões da natureza. Alguém assim caminha na luz, da mesma forma que Ele na luz está, e se eleva acima das coisas da morte.

Como se pode conseguir isto? Conservando o alento perfeito, o alento perfeito da Gnosis!

Alguém que se encontre sob a influência das correntes ocultistas talvez suponha ter compreendido estas palavras. É o caso, por exemplo, de quem pratica exercícios de eurritmia, os quais não são de nenhuma utilidade para alcançar a vida nova da qual fala a Escola Espiritual. Quando o guardião da fronteira, Yin, faz alusão ao "alento perfeito", não se refere certamente a essas técnicas respiratórias.

Somente aquele que percorre o caminho das rosas se une ao alento da vida e às forças astrais da Gnosis. Inicialmente, pela rosa do coração, o esterno se torna apto para a nova respiração e, em um dado momento, o sistema magnético do cérebro respirará também na natureza da vida eterna. Esta mudança se realiza no aluno progressiva e harmoniosamente. Aquele a quem foi permitido viver desse Alento de Deus, sabe que este privilégio não é resultado de exercícios nem de técnicas, como tampouco do valor ou da resistência.

Chuang Tsé nos dá esta explicação: Tudo nesta natureza tem forma, som e cor; esta é a natureza das inúmeras formas, é a natureza do espaço-tempo, na qual o sempre "diferente" também se manifesta como o sempre "igual". Nenhum ser do espaço-tempo pode ser igual a outro ser do espaço-tempo. Pode ser que cada um deles imite perfeitamente o outro, mas permanecerão separados sob todas as formas. Eles são solitários, autônomos, estranhos um ao outro. São simplesmente percepções, acontecimentos ou objetos.

O homem perfeito se eleva para a nova vida depois de haver percorrido integralmente o caminho de regresso, e em sua fase final escapa do domínio das formas e das diferenças, acima de todos os aspectos e fenômenos da ordem espaço-tempo. É impossível fazer uma idéia de tal existência, ainda que seja de fato um estado de ser. Em caso algum devemos pensar em uma forma glorificada, porque o novo homem absoluto é uma entidade que está acima da forma. É ilimitado no ilimitado.

Quem penetra e participa do alento perfeito da vida entra em um processo de crescimento que consiste em elevar-se de algo dialético ao nada divino. Aquele que está no processo se liberta cada vez mais das barreiras, das limitações e dos fenômenos do mundo espaço-tempo da forma e, finalmente, já não encontra nenhuma oposição. Ele poderá ocupar o lugar que lhe pertence sem abandoná-lo, e permanecer escondido no tempo sem pegadas: livre da matéria, livre da esfera refletora e, sem dúvida, "sendo eu", livre de toda percepção dialética, oculto no tempo sem pegadas.

Quem respira no alento perfeito e percorre o caminho das rosas conduzirá sua natureza à união original com a Gnosis. Por isso, quando alguém percorre o caminho das rosas, como poderia ainda haver algo que perturbasse seu ser?

Se estas explicações vos parecem algo abstratas, pensai que o embriagado pelo álcool se torna insensível. Nenhum pensamento de morte, de vida, de medo ou de preocupação surge nele. Ele não tem medo, nada lhe causa dano, nem mesmo as piores coisas, porque nesse estado sua consciência está obscurecida ou suprimida pelo álcool.

O candidato à nova vida abre suas portas à luz e à força da Gnosis, e o alento da vida desce sobre ele. Ele se encontra absorvido a tal ponto que a nostalgia, o medo, a preocupação e a ansiedade, assim como qualquer limitação, desaparecem e já não lhe causam mais danos. Ele entra na tranqüilidade da alma.

Que esta sublime sabedoria de mais de 2500 anos possa fortificar-vos em vossa decisão de percorrer o caminho que conduz à vida! Quem percorre este caminho será livre eternamente no mistério do tempo sem pegadas.

Lectorium Rosicrucianum
Escola Internacional da Rosacruz Áurea
www.lectoriumrosicrucianum.org.br
info@lectoriumrosicrucianum.org.br

Livros Publicados Pela

Editora Rosacruz

Obras de J. van Rijckenborgh

- O advento do novo homem
- A arquignosis egípcia – em 4 volumes
- Christianopolis
- Confessio da Fraternidade da Rosacruz
- Dei Gloria Intacta
- Fama Fraternitatis RC: O chamado da Fraternidade da Rosacruz
- Filosofia elementar da Rosacruz moderna
- Um novo chamado
- O Nuctemeron de Apolônio de Tiana
- As núpcias alquímicas de Christian Rosenkreuz v.I e II

Catharose de Petri

- Cartas
- A Rosacruz Áurea
- O selo da renovação
- Sete vozes falam
- Transfiguração

Catharose de Petri e J. van Rijckenborgh

- O caminho universal
- A Gnosis universal
- A grande revolução
- O novo sinal
- Reveille!

Mikhail Naimy

- O livro de Mirdad

Karl von Eckartshausen

- Algumas palavras do mais profundo do ser

Outros Títulos

- O evangelho dos doze santos
- Trabalho a serviço da humanidade

Livros para a Mocidade

- Histórias do roseiral
- A luz sobre a montanha de cristal

Revista Pentagrama

Uma edição bimestral que se propõe a atrair a atenção dos leitores para o desenvolvimento da humanidade

EDITORA Rosacruz

Editora Rosacruz
Caixa Postal 39 – 13 240 000 – Jarinu – SP – Brasil
Tel (11) 4016.4234 - fax 4016.3405
www.editorarosacruz.com.br
info@editorarosacruz.com.br

Este livro foi impresso pela Geográfica editora
para a Editora Rosacruz em agosto de 2003